Inhaltsverzeichnis

nachspuren,
schreiben, malen

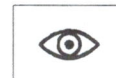

erkennen

hören

AF156035

lesen

Feld zum Markieren erledigter Aufgaben ☒

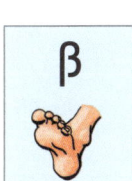

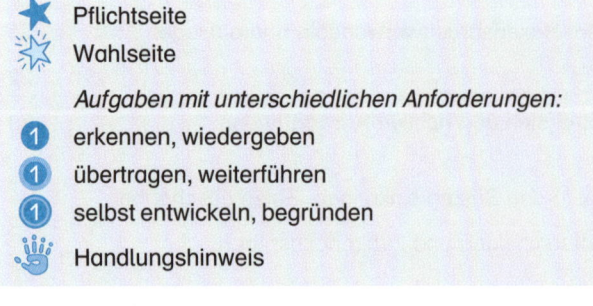

★ Pflichtseite
✧ Wahlseite

Aufgaben mit unterschiedlichen Anforderungen:
① erkennen, wiedergeben
① übertragen, weiterführen
① selbst entwickeln, begründen
✋ Handlungshinweis

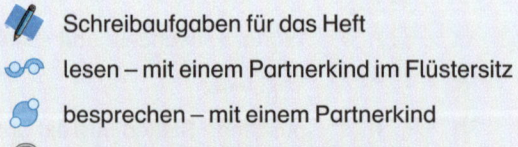

✏️ Schreibaufgaben für das Heft

👓 lesen – mit einem Partnerkind im Flüstersitz

🧑‍🤝‍🧑 besprechen – mit einem Partnerkind

🧠 trainieren – exekutive Funktionen (Aufgabenvorschläge: s. Umschlag hinten)

⚛️ besprechen – in der Gruppe (Vorschläge für Plenumsphasen: s. Umschlag hinten)

1 Spure **nk** nach.

schenken Punkt
trinken Bank
Onkel
Enkel Anker krank links
denken danken dunkel

2 Schreibe **nk**.

nk   nk

3 Kreise **nk** ein und schreibe die Sätze ab.

Ankes Onkel ist krank.
Der Enkel schenkt ihm Blumen.

Denke an den Punkt am Satzende.

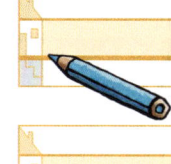

nk

1 Ordne zu.

| die Bank |
| die Türklinke |
| der Anker |
| das Geschenk |
| die Schranke |
| der Lenker |
| der Blinker |
| der Schrank |

2 Trage **nk** passend ein.

nk

Bilder mit passenden Wörtern verbinden;
Stellung des nk-Lautes abhören (Inlaut, Auslaut)

nk

1 Ordne zu und schreibe ab.

~~Die Bank ist frei.~~   Lisa steht links.

Das Kind ist krank.   Nachts ist es dunkel.

Mama denkt an Imo.   Papa hat ein Geschenk.

2

Lisa denkt sich ein Rätsel aus.
Was hat Streifen und stinkt?
Es ist ein Stinktier.

Denkaufgabe
Welches Wort reimt
sich auf krank?

Denkaufgabe
Ich bin der Sohn
von Vati und ich
bin der
_____
von Opa.

nk

1 Kreuze richtig an.

		stimmt	stimmt nicht
	Auf einer Bank kann man sitzen.	X	
	Nachts ist es dunkel.		
	Boote können sinken.		
	Getränke kann man essen.		
	Alle Pflanzen stinken.		
	Jedes Auto hat einen Blinker.		
	Bücher können denken.		

Verben können sich verändern!

2 Schreibe das Wort (Verb) mit der passenden Endung auf.

Wer tut was?

	ich	er oder sie	
trink**en**	ich trinke	er trinkt	
wink**en**	ich winke	sie	
dank**en**			
schenk**en**			
lenk**en**			
denk**en**			

stimmt oder stimmt nicht ankreuzen; passende Verbformen bilden

nk

1 **Ideen für Geschenke**

Manchmal möchte man gerne etwas verschenken.

Lisa schenkt ihrer Mutter
zum Muttertag ein Herz.

Ich freue mich,
wenn ich dich seh,
ich finde dich so nett,
ich schenke dir
mein H und E,
mein R und auch
mein Z.

Frantz Wittkamp

LUSTIG
INTELLIGENT
SUPER
ALBERN

Dario schenkt Lisa
zum Geburtstag ein Lesezeichen.

Du kannst die
Geschichte auch abtippen.
Wähle eine schöne
Schrift!

Leon schenkt seiner Oma
eine kleine Geschichte.
Er erfindet sie selbst.

Das kleine Mäuschen

Es war einmal ein kleines

2 Gestalte selbst ein Geschenk.
Wem willst du es schenken?

Text lesen; Geschenkideen sammeln und umsetzen

nk

① **Leon hat Geburtstag**

Leon feiert seinen Geburtstag.

Er bekommt viel Besuch.

Alle schenken ihm etwas.

<u>Tante Anne</u> schenkt ihm einen <u>Ball</u>.

Onkel Lars hat ein Buch für ihn.

Opa schenkt ihm eine Lupe.

Oma schenkt Leon einen Pulli.

Auch Leons kleine Schwester Mia

hat ein Geschenk.

Sie hat ein Bild für ihn gemalt.

Leon freut sich: „Vielen Dank!"

Wir gratulieren herzlich!

Alles Gute!

Lesepate:

② Unterstreiche oben und schreibe auf,
von wem welche Geschenke sind.

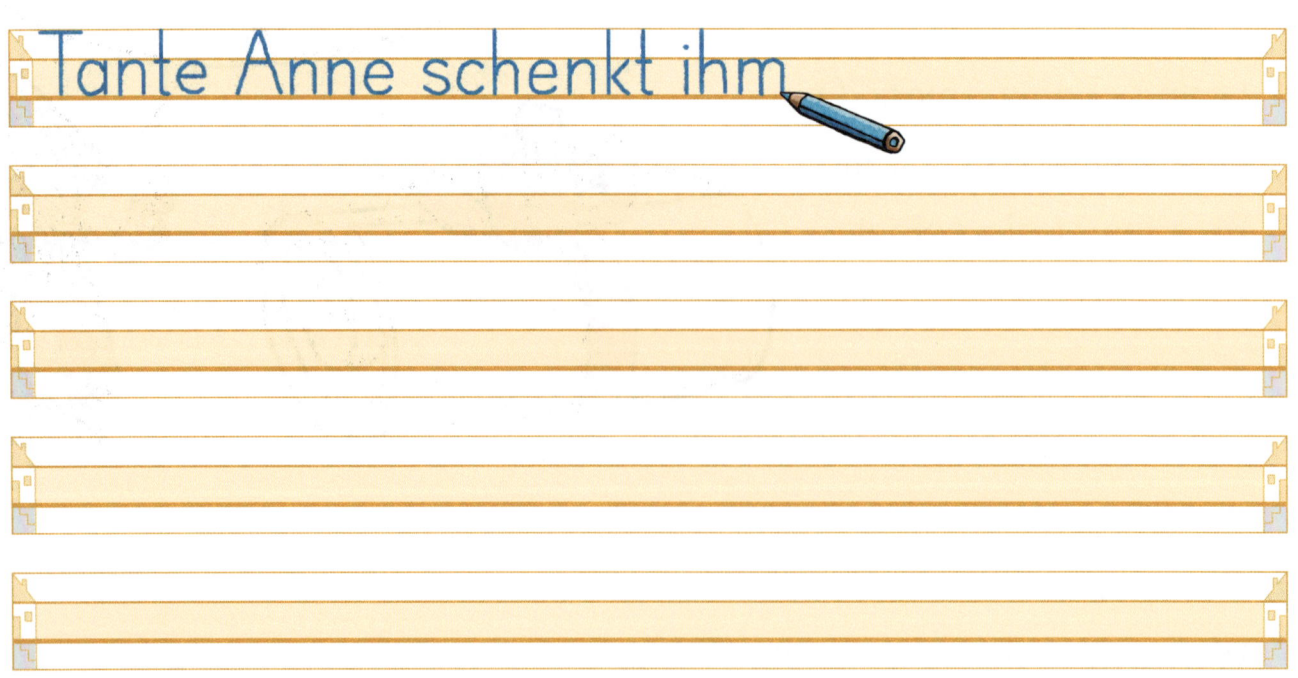

Tante Anne schenkt ihm

passende Textstellen unterstreichen, Sätze schreiben

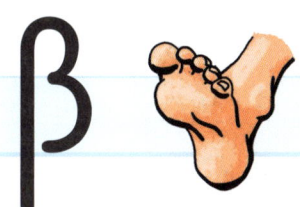

ß

1 Spure **ß** nach.

außen   grüßen   süß

Fuß   Spaß

Strauß

weiß   groß   Straße   heiß

2 Schreibe **ß**.

ß   ß

3 Kreise **ß** ein und schreibe den Satz ab.

Heiß ist nicht kalt,
süß ist nicht sauer,
groß ist nicht klein.

Wörter mit
ß musst du
dir merken.

Wörter-Liste
außen
Fuß
groß

ß nachspuren; ß schreiben;
ß im Satz einkreisen, Satz abschreiben

9

1 Trage die Silbenbögen mit den passenden Vokalen ein.

weiß〈ei〉	fleißig	Straße
heißen	groß	begrüßen
abreißen	Fuß	Fußnagel
süß	Großeltern	gießen

2 Ordne die Wörter nun nach Silben.

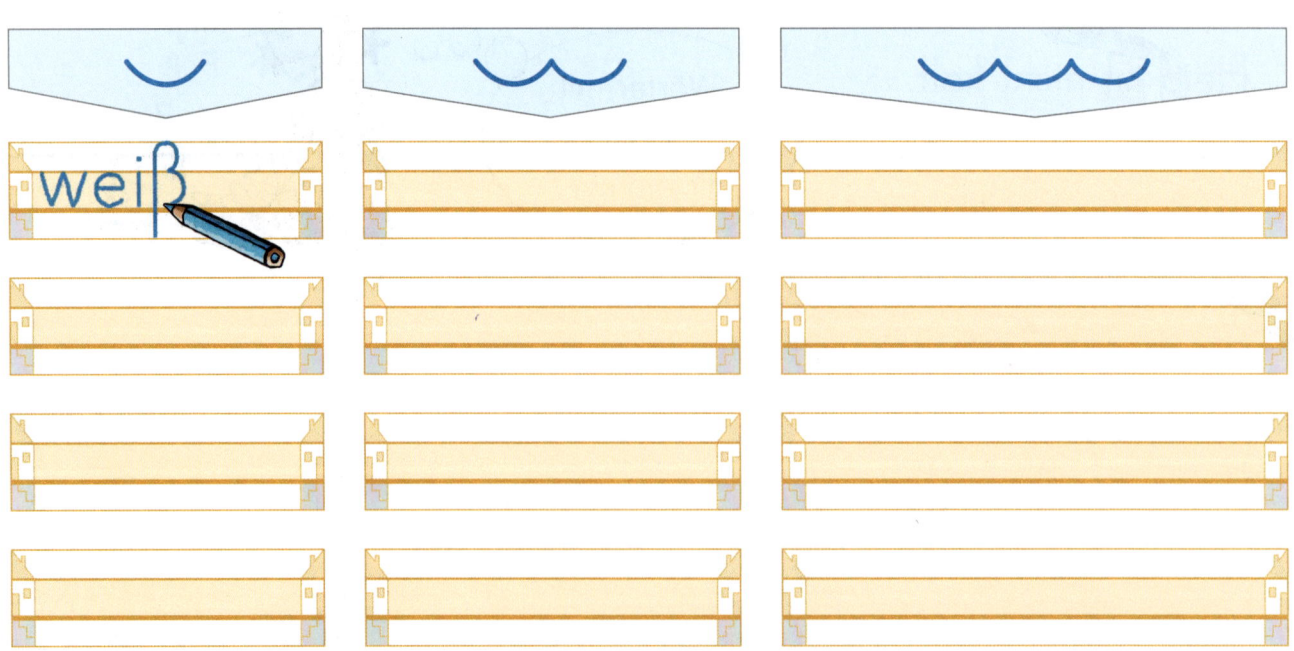

Silbenbögen mit Vokalen einzeichnen;
Wörter nach der Anzahl der Silben ordnen

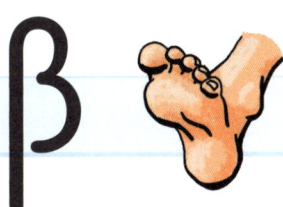
β

1 Ordne zu und schreibe ab.

Der Kuchen ist süß.

Tim lernt fleißig.

Die Kinder spielen Fußball.

Lisa schließt das Fenster.

Der Lehrer begrüßt uns.

Papa ist größer als Mama.

Guten Morgen!

2

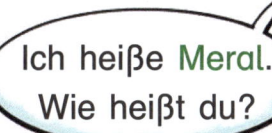

Die Kinder spielen Fußball.
Sie haben großen Spaß.
Lisa schießt das erste Tor.

Du heißt Meral.
Ich heiße Lisa.
Wie heißt du?

Du heißt Meral.
Du heißt Lisa.
Ich heiße Tim.
Wie heißt du?

Ich heiße Meral.
Wie heißt du?

1 Schreibe immer das Gegenteil.

| ~~süß~~ | krank | heiß | weiß | dunkel | groß |

sauer | süß

klein |

kalt |

hell |

gesund |

schwarz |

2 Ergänze e , es oder er .

groß

ein groß **er** Mann

eine groß **e** Frau

ein groß **es** Mädchen

heiß

eine heiß ☐ Suppe

ein heiß ☐ Glas

ein heiß ☐ Tee

weiß

ein weiß ☐ Schrank

eine weiß ☐ Bank

ein weiß ☐ Bett

krank

ein krank ☐ Kind

eine krank ☐ Katze

ein krank ☐ Kater

Adjektive sagen,
wie etwas ist.

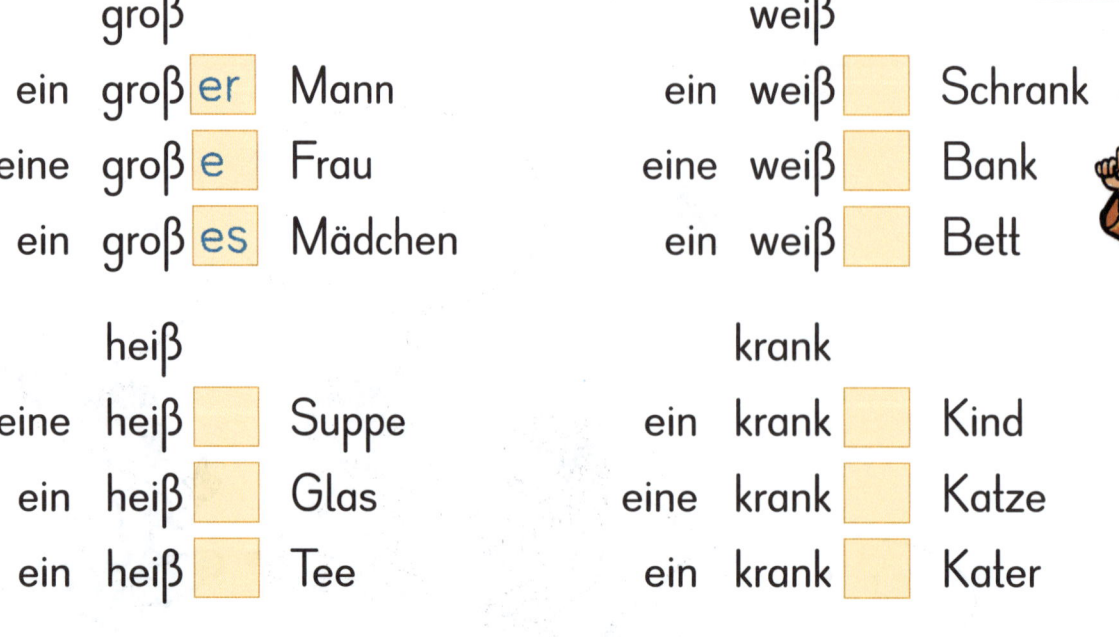

Gegenteile aufschreiben; passende Endungen bei Adjektiven einsetzen

 ß

1 Schreibe zu den Bildern.

Ein Sommertag

| Fußball |
| spielen |

| Tor |
| schießen |

| heiß |
| barfuß |

| Gießkanne |
| Füße |

① Weißt du eigentlich, wie lieb ich dich hab?

Der kleine Hase sollte ins Bett gehen,
aber er hielt sich noch ganz fest
an den langen Ohren des großen Hasen.
„Ich hab dich lieb, so hoch ich reichen kann",
sagte der kleine Hase.
„Ich hab dich lieb, so hoch ich reichen kann",
sagte der große Hase.

Des is gscheit weit, denkt si <u>da kloane Hos</u>.₁
Hätt i bloß <u>aa so lange Arm</u>.₂

<u>Op eimaol</u>₃ hatt dä kleine Has <u>en joode Idee</u>.₄

„Ich hab dich lieb bis zum Mond",
sagte der kleine Hase und machte die Augen zu.
Der große Hase legte den kleinen Hasen
in sein Blätterbett. Er beugte sich über ihn
und gab ihm einen Gutenachtkuss.

Dann schneggelt er sich <u>ans kloine Häsle</u>₅
<u>ond flüschtert</u>:₆
„Ja, bis zum Mond ond wieder retour …

… haben wir uns lieb."

Sam McBratney

Ottfried Fischer · *Mariele Millowitsch* · *Manfred Eichhorn*

Lesepate:

Text lesen, Kinderbuch vorstellen

2 Die Geschichte auf Seite 14 wird teilweise

in Bairisch, Kölner Mundart und Schwäbisch erzählt.

Was können die unterstrichenen Stellen heißen? Schreibe.

Vergleiche mit einem Partnerkind.

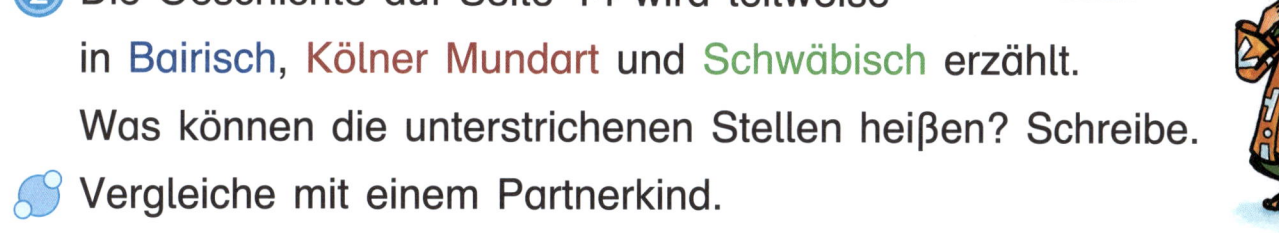

Ich vermute …

1 der

2

3

4

5

6

3 Sprecht über die Geschichte gemeinsam in der Gruppe.

Worum geht es?

Kennt ihr noch andere Mundarten?

Weeste … ?

Weet ik nich.

Dialekt in Standardsprache übertragen;
sich über die Geschichte / Dialekte austauschen

1 Spure **X** und **x** nach.

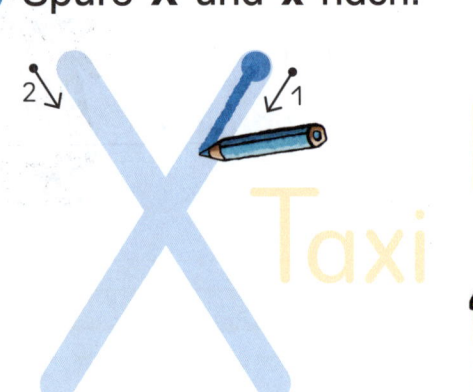

Nixe Mixer Axt
Hexe Lexikon
Taxi
extra
Xylofon Boxer Text

2 Schreibe **X** und **x**.

3 Kreise **x** ein und schreibe die Sätze ab.

Die Hexe schwimmt so gut wie die Nixe.
Die Nixe hext so gut wie die Hexe.

Wörter mit **X x** musst du dir merken.

X/x nachspuren; X/x schreiben;
x in den Sätzen einkreisen, Sätze abschreiben

X x

1 Ordne zu.

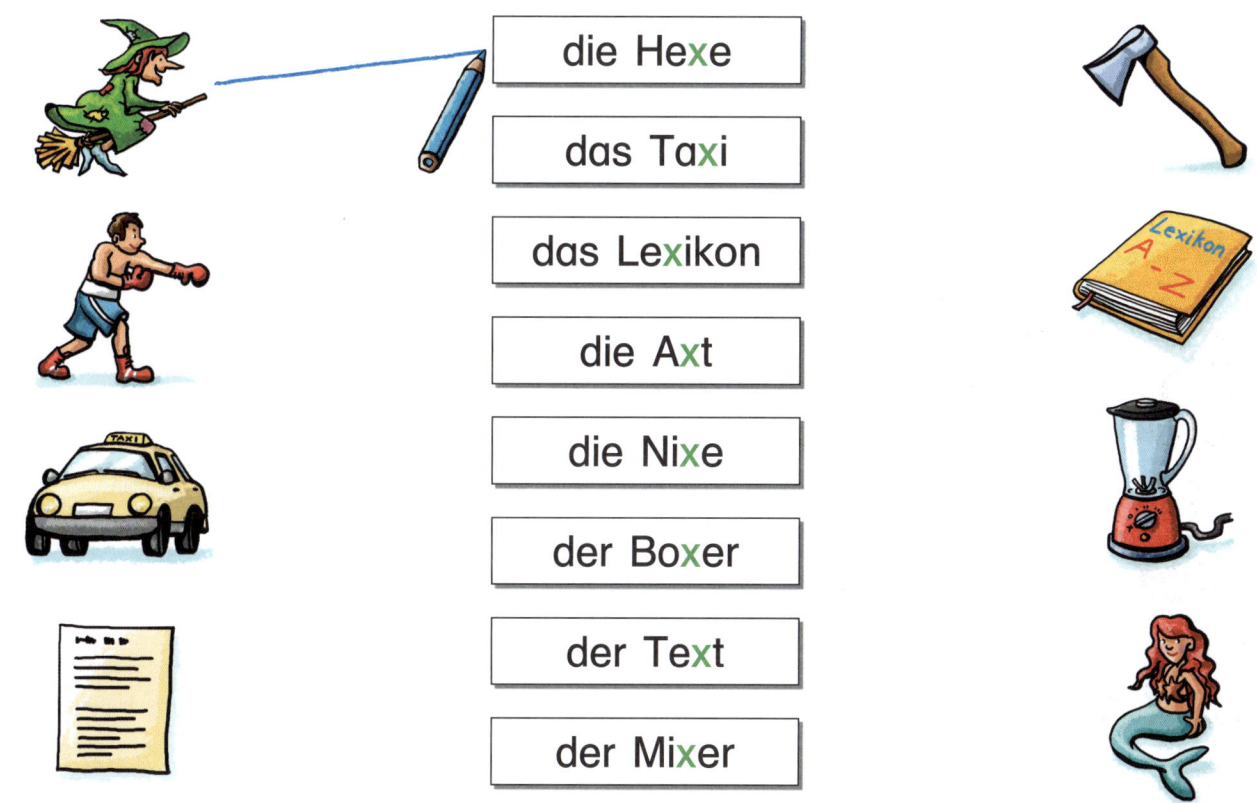

die Hexe

das Taxi

das Lexikon

die Axt

die Nixe

der Boxer

der Text

der Mixer

2 Ergänze die Vokale und schreibe.

a i

Taxi

1 Ordne zu und schreibe ab.

| Papa nimmt die Axt. | Leon begrüßt Max. |

| Lisa mag Hexenbücher. | Tim mixt Getränke. |

| Der kleine Boxer gewinnt. | Opa liest im Lexikon. |

2

Lisa liest gern Bücher über Hexen.
Max liest gern Texte im Lexikon.
Trixi mag Geschichten mit Nixen.

Ich mag Texte über …

passende Sätze zuordnen; Sätze abschreiben

X x

1 Setze die Wörter (Verben) passend ein.

| hex~~en~~ | mixen | rollen | spielen | fliegen | denken | boxen | blinken |

Die Hexe — *hext*

Der Boxer —

Der Mixer —

Die Fliege —

Der Roller —

Der Spieler —

Der Blinker —

Der Denker —

> Achte auf die Endungen! Denke an den Punkt am Satzende!

2 Kreuze an.

	stimmt	stimmt nicht
 Mit der Axt schneidet man Brot.	○	✗
 Ein Lexikon kann man essen.	○	○
 In allen Märchen kommen Hexen vor.	○	○
 Es gibt extra Wege für Fußgänger.	○	○
 Boxer boxen mit Boxhandschuhen.	○	○
 Tee kocht man mit dem Mixer.	○	○
 Taxis fliegen in der Luft.	○	○

passende Verbformen einsetzen;
stimmt oder stimmt nicht ankreuzen

1 Verbinde und trage die Uhrzeit ein.

Morgens früh um

Morgens früh um
kommt die kleine Hex.

Morgens früh um
schabt sie gelbe Rüben.

Morgens früh um
wird Kaffee gemacht.

Morgens früh um
geht sie in die Scheun.

Morgens früh um
holt sie Holz und Spän.

Feuert an um ,
kocht dann bis um zwölf.

Fröschebein und Krebs und Fisch,
hurtig Kinder, kommt zu Tisch!

Volksgut

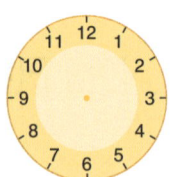

Morgens
früh um …

Text lesen, passende Uhrzeiten in die Bilder einzeichnen

X x

1 Lies den Hexenspruch und ergänze.

Simsalabim ...

Irmela Brender

... und Sumsalabum,
jetzt wandeln wir die Wörter um.
Vertauscht man a, e, i, o, u,
dann geht es
wie beim Zaubern zu:

Die Hand wird zum Hund,
der Mond wird zum Mund,
der Riese zur Rose,

der Hase zur _____.

2 Wandle die Wörter um.

Der Enkel wird zum **Onkel**

Die Hummel wird zum _____

Der Engel wird zur _____

Die Tante wird zur _____

3 Lies und verwandle die Hexensprüche.

Hokus, pokus, fidibus,
Mixer, Hexe, Autobus.

Hikis, pikis ...

Hakas, pakas, fadabas,
Maxar, Haxa, Atabas.

Hekes, pekes, fedebes,
Mexer, Hexe, Etebes.

Wörter verwandeln und schreiben; Hexenspruch verwandeln und aufsagen

1 Die kleine Hexe hat Ärger

Das Hexen ist keine einfache Sache.

Wer es im Hexen zu etwas bringen will,

darf nicht faul sein.

Die kleine Hexe übte gerade das Regenmachen.

Der Rabe Abraxas saß neben ihr

und war unzufrieden.

„Du sollst einen Regen machen",

krächzte er vorwurfsvoll,

„und was hext du?

Beim **ersten** Mal lässt du es weiße Mäuse regnen,

beim **zweiten** Mal Frösche,

beim **dritten** Mal Tannenzapfen!

Ich bin ja gespannt, ob du wenigstens jetzt

einen richtigen Regen zustande bringst!"

Da versuchte die kleine Hexe zum **vierten** Mal,

einen Regen zu machen. Sie ließ eine Wolke am Himmel

aufsteigen, winkte sie näher und rief,

als die Wolke genau über ihnen stand: „Regne!"

Die Wolke riss auf und es regnete – Buttermilch.

Otfried Preußler

Lesepate:

2 Unterstreiche die Antworten in dem Text auf Seite 22
und kreuze hier die richtige Antwort an.

Was sollte die kleine Hexe zaubern?

Schnee ◯

Regen ◯

Sturm ◯

Der Rabe Abraxas

krächzte vorwurfsvoll. ◯

lobte die kleine Hexe. ◯

war mit der kleinen Hexe zufrieden. ◯

3 Schreibe die richtige Antwort auf.

Was hexte die kleine Hexe beim **ersten** Mal herbei?

Sie _____

_____

Was hexte die kleine Hexe beim **zweiten** und **dritten** Mal?

_____

_____

_____

Was regnete beim **vierten** Mal herunter?

_____

_____

passende Stellen im Text unterstreichen und richtige Antwort finden

Y y

Pony   Yak

Zylinder

typisch

1 Spure **Y** und **y** nach.

Xylofon

Teddy

Hobby   Baby   Pyramide

2 Schreibe **Y** und **y**.

Y   Y

y   y

3 Kreise **y** ein und schreibe die Sätze ab.

Das Baby schreit.
Es will seinen Teddy haben.

Wörter mit
Y y musst du
dir merken.

Y/y nachspuren; Y/y schreiben;
y in den Sätzen einkreisen, Sätze abschreiben

Y y

1 Unterscheide.

Y y wie in Yak

Y y wie in Baby

Y y wie in Pyramide

Wie klingt das **Y y**?
Klingt es wie **j**?
Klingt es wie **i**?
Klingt es wie **ü**?

das Pony

die Yacht

das Handy

der Zylinder

der Teddy

das Xylofon

das Yoga

der Dynamo

2 Ordne die Wörter (Nomen) nach den Artikeln **der**, **die** oder **das**.

~~Zylinder~~   Baby   Pyramide   Pony   Yacht   Teddy

der	die	das
der Zylinder		

Lautqualitäten des Y/y-Lautes unterscheiden und farbig nachspuren;
Nomen nach dem Artikel ordnen

25

Y y

1 Ordne zu und schreibe ab.

~~Das Baby schreit.~~	Lisa spielt Xylofon.
	Das Pony ist klein. Tim liebt seinen Teddy.
Aylin macht Yoga. Opa trägt einen Zylinder.	

2

Jeder hat ein anderes Hobby.
Aylin macht Yoga.
Leon pflegt ein Pony.

In Ägypten gibt es Pyramiden.

passende Sätze zuordnen; Sätze abschreiben

Y y

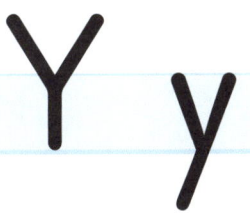    

1 Verbinde und schreibe die passende Antwort.

Es ist ein sehr kleines Pferd.

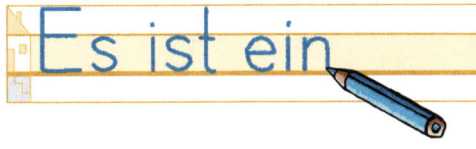 Es ist ein

ein Baby

Es ist ein Schmusetier.

ein Zylinder

Es ist ein kleines Kind.

ein Pony

Es ist ein schwarzer und hoher Hut.

ein Teddy

2 Lies und ergänze.

Das Baby sitzt mit 8 Monaten.

Es krabbelt mit ☐ Monaten.

Es läuft mit ☐ Monaten.

14
13
12
11
10
9
8
7
6
5
4
3
2
1
0

Monate

Y y

1 Lies und probiere aus.

Stuhl-Gymnastik

Wer lange sitzt, braucht Bewegung.
Diese Stuhl-Gymnastik kannst du auch
im Klassenzimmer machen.
Probiere die Übungen aus.

Schulterheber

Ziehe beide Schultern nach oben.
Lass sie dann ganz entspannt
und locker fallen.

Hüpfer

Stütze dich auf die Lehne.
Springe nun von links
nach rechts.

Radfahrer

Hebe die Beine an.
Bewege die Beine wie beim
Radfahren in der Luft.

Armgreifer

Greife mit den Händen
ganz weit nach oben.

Schräge Bahn

Stütze dich
mit den Händen
auf dem Stuhl ab
und hebe den Po an.

Übungsanleitung lesen und ausführen

Y y

1 Schreibe die passenden Wörter in die E-Mail.

| Timmy | okay | Ponyhof | Hey | Pyramiden |

yvonne@|

_____ Yvonne,

wie geht es dir? Bei mir ist alles _____.

Ich habe heute ein spannendes Hörbuch gehört:

Mister Y und die verschwundenen _____.

Schreibst du mir bald von deinen Reitstunden

auf dem _____?

> Du kannst die E-Mail auch abtippen.

Liebe Grüße

Dein _____

> Am liebsten spiele ich Fußball.

Y y

1 **Yo Rühmer**

Yo Rühmer hat Lola erfunden
und die meisten Bilder in diesem Heft gezeichnet.
Sie hat uns einige Fragen beantwortet.

Wie ist Lola entstanden?
Ich habe ganz viel probiert
und erst aufgehört zu zeichnen,
als sie mir gefallen hat.
Nur Schuhe fielen mir für Lola nicht ein.
Deshalb hat sie keine an.
Dabei ist es ganz schön schwer, die Füße
mit den vielen kleinen Zehen zu malen.

Haben Sie schon als Kind gut gezeichnet?
Ja, das war schon immer mein Hobby.
Dieses Bild habe ich im Kindergarten gemalt.

Woher kommt der Name Yo?
Meinem Papa hat der Name sehr gut gefallen.
Aber weil man an Yo nicht erkennen kann,
ob ich ein Mädchen oder ein Junge bin,
haben mich meine Eltern Yolanthe genannt.
Aber so nennt mich meine Mutter nur,
wenn ich etwas angestellt habe.
Wichtige Sachen unterschreibe ich mit Yolanthe.

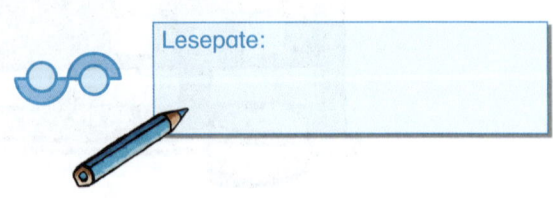

Lesepate:

2 Meine Unterschrift:

Text lesen; eigene Unterschrift gestalten

C c

1 Spure **C** und **c** nach.

Creme

CD Cent

Popcorn

Comic

Clown

Computer C Camping

2 Schreibe **C** und **c**.

3 Kreise **C** und **c** ein und schreibe die Sätze ab.

Lisa schreibt am Computer.
Tim liest einen Comic.

Wörter mit **C c**
musst du dir merken.

Wörter-Liste
Creme
Popcorn
Computer

C c

1 Ordne zu.

> Meistens klingt **C** wie **K**: *Computer*.
> Manchmal klingt **C** wie **β**: *Cent*.

| der Cowboy |
| der Cent |
| die Cola |
| die Creme |
| der Computer |
| der Comic |
| der Clown |
| der Campingplatz |

2 Setze die passenden Silben zusammen.

He Co Ta dy ny xi

Ted Cre Po mic xe me

He

Bilder mit passenden Wörtern verbinden; Silben zusammensetzen

C c

1 Ordne zu und schreibe ab.

Lisa liest einen Comic.		Der Clown macht Späße.
Der Junge heißt Nico.		Mama kauft Creme.
Kaugummis kosten 20 Cent.		Tim schreibt am Computer.

2

Papa ist am Computer.
Lisa liest einen Comic.
Opa ordnet seine Cent-Münzen.

1 Cent aus Deutschland

1 Cent aus Frankreich

1 Cent aus Spanien

1 Manche Wörter haben wir aus anderen Sprachen übernommen.
Oft kommen diese Wörter aus der englischen Sprache.
Kennst du ihre Bedeutung? Verbinde.

Abkürzung für *Compact Disc* – eine Scheibe zum Speichern von Bildern und Tönen		der Clown *(sprich: Klaun)*
Spaßmacher – er tritt im Zirkus auf und bringt Leute zum Lachen		die Couch *(sprich: Kautsch)*
kühl – jemand, der keine Angst zeigt		der Cowboy *(sprich: Kaubeu)*
Kuhjunge – er reitet auf einem Pferd und hütet Kühe		cool *(sprich: kuhl)*
Sofa – ein Polstermöbel zum Sitzen und Liegen		der Computer *(sprich: Kompjuta)*
elektronische Rechenanlage		die CD *(sprich: Zehdeh)*

2 Erkläre einem anderen Kind Wörter,
die du kennst. Achte auf die Aussprache.

das Skateboard   der Cousin   die Cornflakes

die Jalousie   der Container   das Couscous

Kennt ihr noch mehr Wörter aus anderen Sprachen? Tauscht euch mit anderen Kindern aus!

passend verbinden; bekannte Fremdwörter erklären

C c

1 Lies und betrachte den Comic.

Paul Maar

2 Erzähle einem anderen Kind, was in dem Comic passiert.

3 Male, was passiert.

Was passiert, wenn **V** und **V** sich treffen? _____

Was passiert, wenn man das **u** auf den Kopf stellt? _____

4 Denke dir ein Rätsel mit Buchstaben aus. Lass andere raten.

Was passiert, wenn

_____

C c

1 Ergänze den Comic.

Verschwinde!
Geh weg!

Comic lesen und weiterschreiben

C c

1 **Die C-Geschichte**

Jeden Abend, wenn Clemens
von seinem Freund Carlo kommt,
beklagt er sich bei Mama und Papa.

Am **Montag** klagt er:
„Carlo darf Cola trinken, soviel er will!"

Am **Dienstag** klagt er:
„Carlo darf an Fasching ein Cowboy sein.
Ich will auch kein Clown mehr sein."

Am **Mittwoch** klagt er:
„Carlo darf Comics lesen!"

Am **Donnerstag** klagt er:
„Carlo hat einen Computer."

Am **Freitag** klagt er:
„Carlo kriegt alles.
Carlos Eltern sind viel lieber als ihr!"

Papa und Mama schauen sich an.
„Nachher rufen wir bei Carlos Eltern an", sagt Papa.
„Vielleicht haben sie noch Platz für dich."

Karin Schupp

Lesepate:

Vergleiche
deine Antwort
mit einem Partnerkind
oder in der Gruppe.
Sprecht darüber!

2 Schreibe auf, was Clemens antworten könnte:

ck

1 Spure **ck** nach.

Rücken   dick   Rock

backen   Jacke

   Zucker

zurück   Hecke

Glocke   locker   Schnecke

2 Schreibe **ck**.

ck   ck

3 Kreise **ck** ein und schreibe den Satz ab.

Trocken ist nicht nass,
dreckig ist nicht sauber,
dick ist nicht dünn.

ck nachspuren; ck schreiben;
ck im Satz einkreisen, Satz abschreiben

ck

1 Ordne zu.

die Decke	
der Zucker	
der Rock	
der Sack	
die Socken	
die Jacke	
der Wecker	
die Brücke	

2 Finde alle Reime.

die Hecke	der Schreck	backen	wecken
der Fleck	die Mücke	stecken	picken
die Brücke	die Schnecke	nicken	packen

der Lack	die Socken	lecken	schicken
das Glück	das Stück	drücken	schmecken
die Glocken	der Sack	zwicken	schmücken

ck

1 Ordne zu und schreibe ab.

| Mama weckt Lisa. | Papa packt den Koffer. |

| Lea zieht den Rock an. | Tim steht auf der Brücke. |

| Die Schnecke ist dick. | Die Jacke hat einen Fleck. |

2

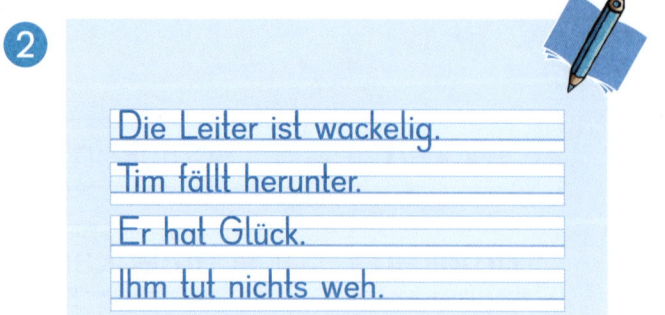

Die Leiter ist wackelig.
Tim fällt herunter.
Er hat Glück.
Ihm tut nichts weh.

Pech gehabt
Ich bin hingefallen.
Nun habe ich
einen blauen Fleck.

Glück gehabt

passende Sätze zuordnen; Sätze abschreiben

ck

1 Schreibe zu den Bildern.

Am Wochenende

Wecker   Wecker   aufstehen

klingeln   ausschalten   Rock anziehen

Bäcker   Tisch decken   Familie

einkaufen   Besteck   frühstücken

ck

1 **Die Schnecke und der Buckelwal**

Ein großes Tier, ein kleines Tier –
ihre Geschichte siehst du hier.

Die Seeschnecke kriecht auf dem Fels hin und her,
vor Sehnsucht ist ihr das Herz ganz schwer.
Das Meer ist so blau, der Himmel so weit,
es gibt keine bessere Reisezeit.
„Ich will fort, ich will weg!",
sagt die kleine Schneck.

Und eines Nachts, von ganz weit her,
da kommt ein Wal aus dem blauen Meer.
Ein Buckelwal ist es, so groß wie ein Schiff,
und er singt ein Lied vom Korallenriff,
von Wellen und Wogen, von Sonne und Wind,
von Weiten, die voller Wunder sind.
Und was sagt der Wal zum Schneckentier?
Er sagt: „Steig auf und fahr mit mir."

Auf geht's und los, die Welt ist groß.
Schön ist es auf dem Buckelwal-Floß.

Julia Donaldson und Axel Scheffler

Lesepate:

Text lesen, Kinderbuch vorstellen

ck

2 Schreibe zu einem oder mehreren Bildern, was die Schnecke und der Wal auf ihrer Reise erleben könnten.

_____

_____

_____

_____

_____

_____

_____

_____

_____

In der Bücherei findest du sicher noch mehr Bücher.

ck

1 Schreibe immer das Gegenteil.

trocken	eckig	dreckig	dick	glücklich

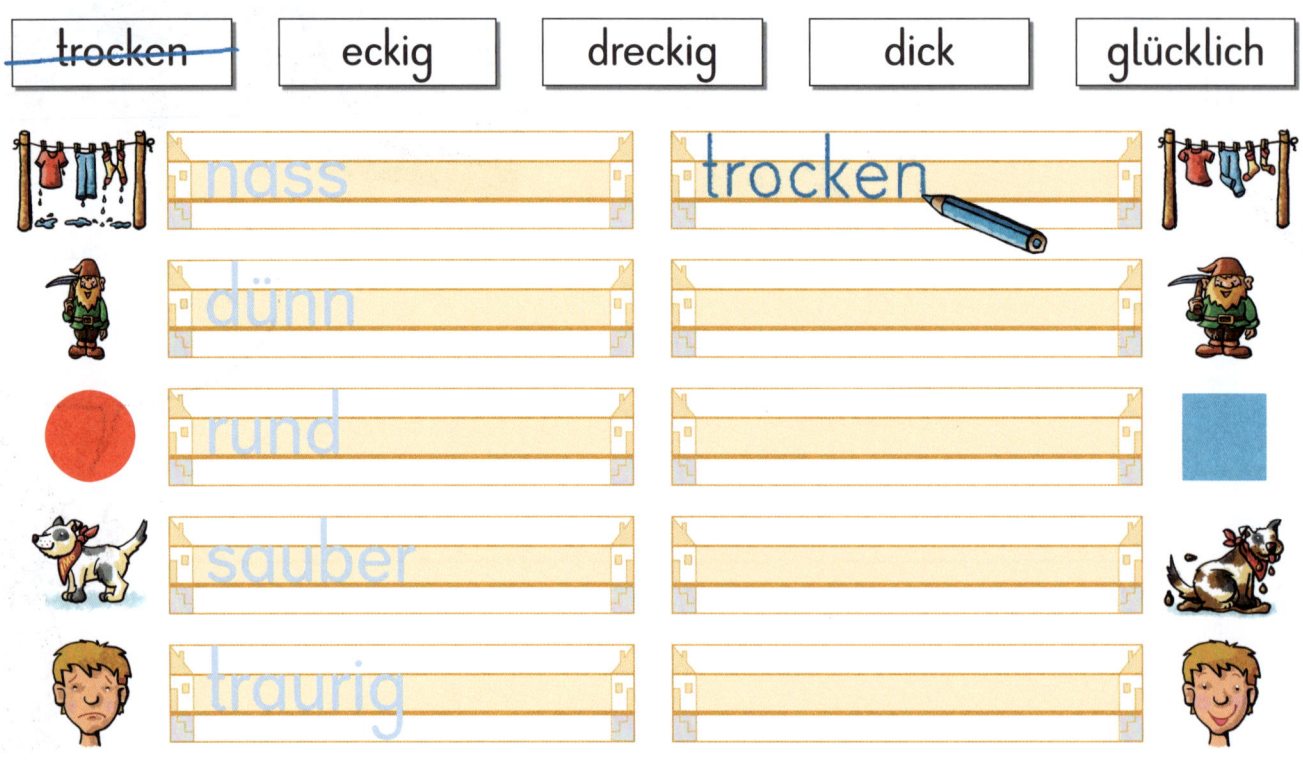

nass — trocken

dünn —

rund —

sauber —

traurig —

2 Lies und ergänze. Spielt das Spiel gemeinsam.

Ich packe in meinen Rucksack ein ___ .

Ich packe in meinen Rucksack ein ___ und eine ___ .

Ich packe in meinen Rucksack ein ___ , eine ___ und eine ___ .

Ich packe in meinen Rucksack ein ___ ,
eine ___ ,
eine ___ und
_____ .

Ich packe in meinen Rucksack ein Kleid.

Ich packe in meinen Rucksack ein Kleid und eine Jacke.

Gegenteile aufschreiben;
Text lesen und ergänzen; mit einem oder mehreren Partnern das Spiel spielen

Qu qu

1 Spure **Qu** und **qu** nach.

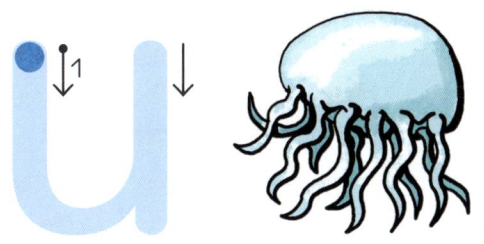

quer Quadrat
Quark Quelle
quetschen
Quartett
Qualle quaken
bequem Qualm

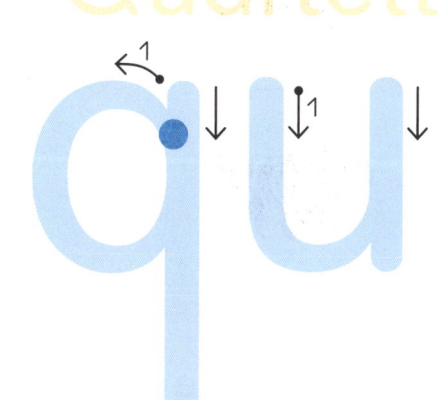

2 Schreibe **Qu** und **qu**.

Qu   Qu

qu   qu

3 Kreise **Qu** und **qu** ein und schreibe ab.

Quallen schwimmen im Meer,
kreuz und quer, hin und her.

Ich spreche **Kw**, aber ich schreibe **Qu**.

Quatsch

Qu qu

1 Ordne zu.

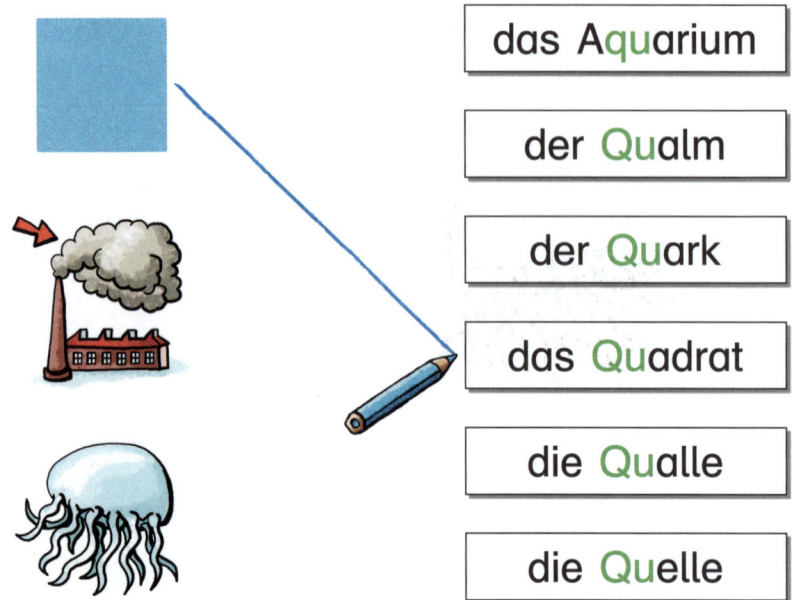

das Aquarium

der Qualm

der Quark

das Quadrat

die Qualle

die Quelle

2 Ergänze die Vokale und schreibe.

a a

Quadrat

Bilder mit passenden Wörtern verbinden;
Vokale ergänzen und passende Wörter schreiben

Qu qu

1 Ordne zu und schreibe ab.

Das Sofa ist bequem.   Der Ofen qualmt.

Das Kind macht Quatsch.   Das Schwein quiekt.

Es gibt Kartoffeln mit Quark.   Wir spielen Quartett.

2

So ein Quatsch.
Der Quark qualmt.
Das Quadrat quakt.
Die Quelle quietscht.

Quatsch-Sätze
Tische fallen in den Quark.
Lehrer hüpfen
im Quadrat.

Qu qu

1 Kreuze an, welche Wörter zusammengehören.

der Quatsch	das Quadrat	der Qualm	der Quirl
quatschen ✗	quadratisch ◯	quälen ◯	quietschen ◯
quaken ◯	quer ◯	quellen ◯	quirlen ◯
quietschen ◯	bequem ◯	qualmen ◯	quaken ◯

der Drucker	der Blick	der Dreck	der Wecker
drucken ◯	flicken ◯	eckig ◯	wecken ◯
jucken ◯	blicken ◯	fleckig ◯	strecken ◯
gucken ◯	stricken ◯	dreckig ◯	lecken ◯

2 Bilde mit den Wörtern (Verben) passende Sätze.

~~quietschen~~   qualmen   quieken

quaken   quatschen

> Achte auf die Endungen! Denke an den Punkt am Satzende!

Die Tür quietscht

Qu qu

1 Lies das Gedicht.

Manchmal

An manchen Tagen geht nichts zusammen:

Da bellt die Maus.
Da kräht der Frosch.
Da muht das Schwein.
Da piepst der Hund.
Da quakt der Hahn.
Da quiekt das Huhn.
Da gackert die Ziege.
Da meckert die Kuh.

nach Jürgen Spohn

2 Schreibe passende Wörter (Verben).

Wie ist es richtig?

Mäuse *piepsen*

Frösche

Schweine

Hunde

Hähne

Hühner

Ziegen

Kühe

Qu qu

 **1** Spiele mit einem anderen Kind.

Würfel-Spiel

Das braucht man: Spielsteine, einen Würfel.

Spielanleitung:

Man darf so viele Felder vorgehen, wie man gewürfelt hat.
Wer auf ein Ereignisfeld kommt, muss die Anweisung befolgen.
Wer dabei einen Fehler macht, muss einmal aussetzen.
Sieger ist, wer zuerst in das Ziel kommt.

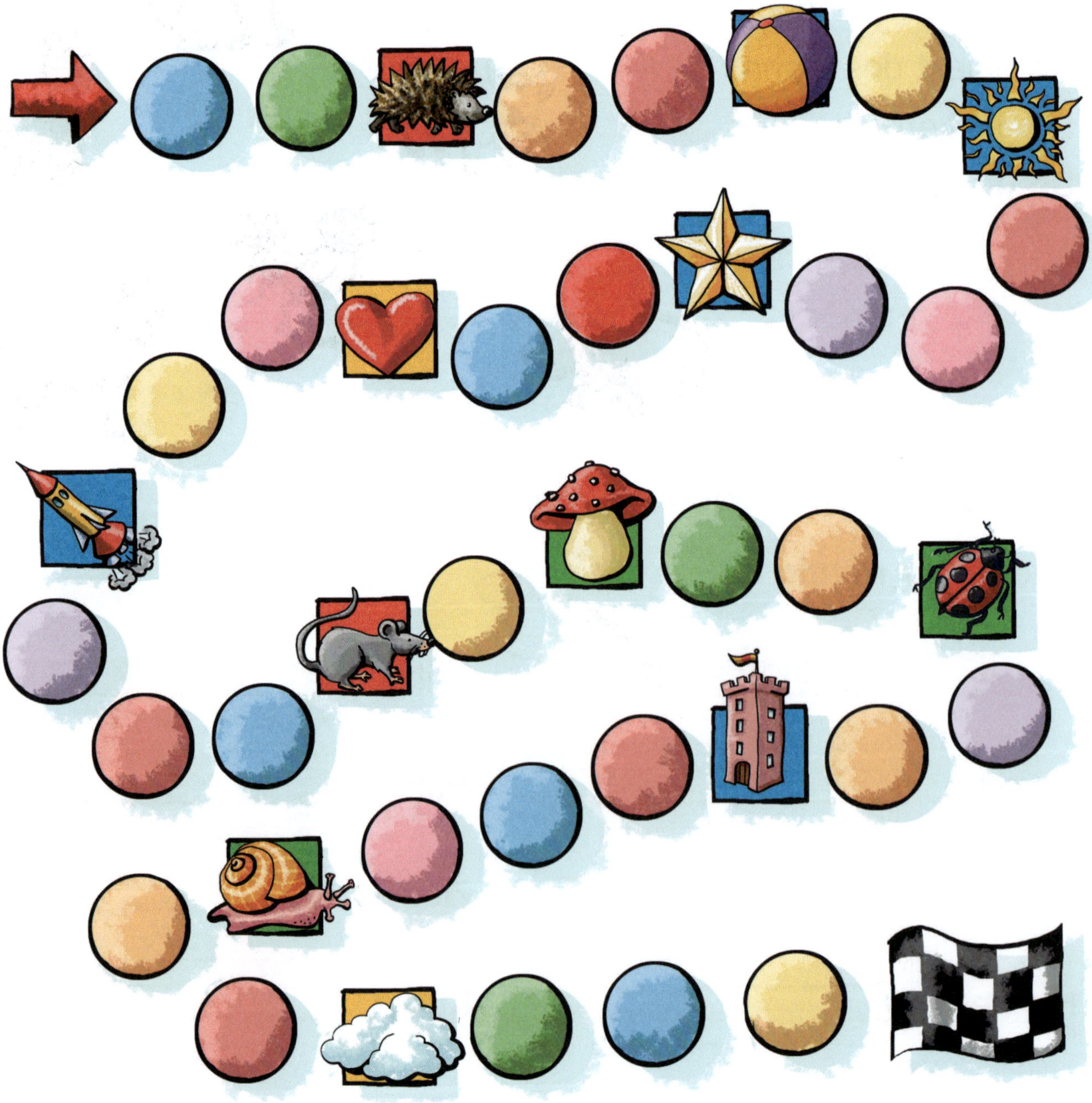

Spiel spielen

Qu qu

Nenne
ein Wort mit
drei Silben.

Nenne
eine
Märchenfigur.

Mache es dir
bequem und setze
eine Runde aus.

Finde
zwei Wörter,
die sich reimen.

Toll, du
darfst noch
einmal würfeln.

Schreibe
ein Wort mit
Qu oder qu auf.

Bilde
ein Wort mit
vier Buchstaben.

Nenne
ein Wort
mit einer Silbe.

Nenne
ein Wort
mit l am Ende.

Nenne
ein Wort
mit K oder k.

Du hast zu
viel gequatscht.
Drei Felder zurück!

Erfinde
einen witzigen
Hexenspruch.

Qu qu

1 Lies und falte.

Aus einem Quadrat wird ein Frosch

Du brauchst ein quadratisches Blatt Papier.

Beim **Quadrat** sind alle Seiten gleich lang.

1. Knicke die untere Ecke nach oben.

2. Knicke die rechte Spitze des Dreiecks auf die linke, falte das Papier und öffne es gleich wieder.

3. Falte die rechte Spitze des Dreiecks bis zur Mitte und dann gleich wieder nach außen.
   Jetzt hast du das rechte Froschbein.

4. Falte auf die gleiche Weise auch das linke Froschbein.

5. Drehe den Frosch um und male Augen auf.
   Fertig ist dein Frosch!

Kannst du das auch?

Frosch nach der Bastelanleitung basteln

Einsterns Schwester

Schwester 1/2

Name

Mein Wortschatz

Cornelsen

---

vier
der Vogel, die Vögel

W w

warten, er wartet
das Wasser
der Weg, die Wege
weiß
weit
die Wiese, die Wiesen
der Wind, die Winde
der Winter
die Woche, die Wochen
wollen, sie will
das Wort, die Wörter
wünschen, er wünscht
die Wurzel, die Wurzeln

X x

Y y

Z z

die Zahl, die Zahlen
zahlen, sie zahlt
zählen, er zählt
der Zahn, die Zähne
zehn
zeigen, sie zeigt
die Zeit, die Zeiten
der Zucker
zwei
zwölf

Häufigkeitswortschatz:
aber, alle, als, am, an, auf,
aus, bei, bis, da, das, der, des,
die, doch, du, durch, ein, eine,
er, es, für, ich, im, in, ist, mit,
nach, nicht, nun, oder, schon,
sie, sind, so, über, um, und,
viel, von, vor, was, wir, wo

A a

acht

alt

die **Ameise**, die Ameisen

die **Ampel**, die Ampeln

antworten, er antwortet

der **Apfel**, die Äpfel

arbeiten, sie arbeitet

der **Ast**, die Äste

die **Aufgabe**, die Aufgaben

das **Auge**, die Augen

das **Auto**, die Autos

die **Birne**, die Birnen

blau

bleiben, er bleibt

blühen, sie blüht

die **Blume**, die Blumen

die **Blüte**, die Blüten

böse

brauchen, sie braucht

braun

bringen, er bringt

das **Brot**, die Brote

der **Bruder**, die Brüder

das **Buch**, die Bücher

bunt

B b

das **Baby**, die Babys

backen, er backt

baden, sie badet

der **Ball**, die Bälle

die **Bank**, die Bänke

der **Bauch**, die Bäuche

der **Baum**, die Bäume

die **Biene**, die Bienen

das **Bild**, die Bilder

C c

der **Cent**, die Cents

der **Clown**, die Clowns

der **Computer**, die Computer

T t

der **Tag**, die Tage

die **Tante**, die Tanten

die **Tasche**, die Taschen

der **Tee**, die Tees

das **Telefon**, die Telefone

das **Tier**, die Tiere

der **Tisch**, die Tische

die **Tomate**, die Tomaten

trinken, er trinkt

tun, sie tut

turnen, er turnt

schön

schreiben, er schreibt

der **Schuh**, die Schuhe

die **Schule**, die Schulen

schwarz

die **Schwester**,
die Schwestern

sechs

sehen, er sieht

die **Seife**, die Seifen

sieben

singen, sie singt

sitzen, er sitzt

der **Sohn**, die Söhne

sollen, sie soll

der **Sommer**

die **Sonne**

sparen, er spart

spielen, sie spielt

der **Sport**

sprechen, er spricht

stehen, sie steht

der **Stern**, die Sterne

die **Stunde**, die Stunden

suchen, sie sucht

U u

üben, sie übt

die **Uhr**, die Uhren

V v

die **Vase**, die Vasen

der **Vater**, die Väter

F f

fahren, er fährt
fangen, sie fängt
fein
das Fenster, die Fenster
finden, er findet
der Finger, die Finger
fragen, sie fragt
die Frau, die Frauen
der Freund, die Freunde
frisch
der Frühling
der Füller, die Füller
fünf
der Fuß, die Füße

G g

der Garten, die Gärten
geben, er gibt
gehen, sie geht
gelb
das Geld, die Gelder
das Gemüse

D d

danken, sie dankt
denken, er denkt
dick
die Dose, die Dosen
drei
dunkel

E e

das Ei, die Eier
eins
das Eis
elf
das Ende, die Enden
eng
die Ente, die Enten
der Esel, die Esel
essen, sie isst
der Euro, die Euros

O o

das Ohr, die Ohren
die Oma, die Omas
der Onkel, die Onkels
der Opa, die Opas

R r

die Raupe, die Raupen
rechnen, sie rechnet
reden, er redet
der Regen
reisen, sie reist
der Ring, die Ringe
der Rock, die Röcke
rollen, er rollt
rot
der Rücken, die Rücken
rufen, sie ruft

P p

der Partner, die Partner
das Pferd, die Pferde
die Pflanze, die Pflanzen
der Pinsel, die Pinsel
der Platz, die Plätze
die Puppe, die Puppen

S s

der Saft, die Säfte
sagen, er sagt
das Salz
der Sand
der Satz, die Sätze
scheinen, sie scheint
die Schere, die Scheren
schlafen, er schläft
schneiden, sie schneidet

Qu qu

das Quadrat, die Quadrate
quaken, er quakt
die Qualle, die Quallen
der Quatsch

gesund, gesunde
das **Gras**, die Gräser
groß
grün
gut

H h

das **Haar**, die Haare
haben, er hat
der **Hai**, die Haie
der **Hals**, die Hälse
die **Hand**, die Hände
der **Hase**, die Hasen
das **Haus**, die Häuser
die **Hecke**, die Hecken
das **Heft**, die Hefte
heißen, sie heißt
helfen, er hilft
heute
die **Hexe**, die Hexen
der **Himmel**
holen, sie holt
hören, er hört

die **Hose**, die Hosen
der **Hund**, die Hunde

I i

der **Igel**, die Igel

J j

das **Jahr**, die Jahre
ja
der **Junge**, die Jungen

K k

der **Käfer**, die Käfer
der **Kalender**, die Kalender
kalt
die **Katze**, die Katzen
das **Kind**, die Kinder

die **Klasse**, die Klassen
das **Kleid**, die Kleider
der **klein**
kommen, er kommt
können, sie kann
der **Kopf**, die Köpfe
der **Körper**, die Körper
krank

M m

machen, er macht
das **Mädchen**, die Mädchen
der **Mai**
malen, sie malt
der **Mann**, die Männer
die **Maus**, die Mäuse
der **Monat**, die Monate
der **Mund**, die Münder
müssen, er muss
die **Mutter**, die Mütter

L l

laufen, er läuft
laut
leben, sie lebt
legen, er legt
leicht
leise
lernen, sie lernt
lesen, er liest
die **Leute**
das **Licht**
lieben, er liebt
liegen, sie liegt

N n

die **Nacht**, die Nächte
die **Nadel**, die Nadeln
der **Name**, die Namen
die **Nase**, die Nasen
der **Nebel**, die Nebel
nein
neu
neun